COLLECTION CH. PIPARD

TABLEAUX & DESSINS

En majeure partie

DE L'ÉCOLE FRANÇAISE DU XVIIIe SIÈCLE

Miniatures

OBJETS D'ART ET DE CURIOSITÉ

EXPOSITION PUBLIQUE

LE JEUDI 1er MARS 1900

DE 1 HEURE 1/2 A 5 HEURES 1/2

COMMISSAIRE-PRISEUR	EXPERT
Me P. CHEVALLIER	**M. B. LASQUIN**
10, rue Grange-Batelière	12, rue Laffitte

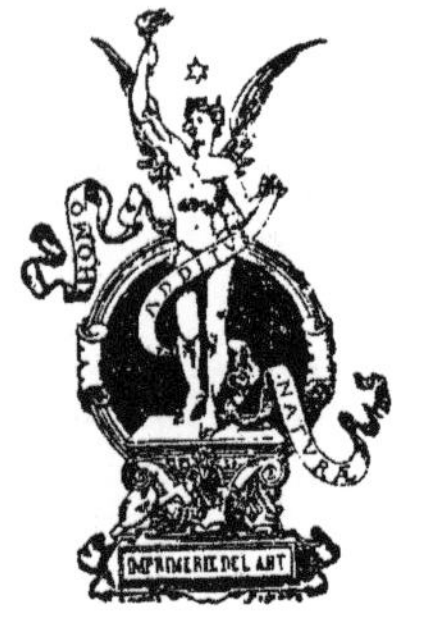

CATALOGUE

DES

TABLEAUX & DESSINS

En majeure partie

DE L'ÉCOLE FRANÇAISE DU XVIIIe SIÈCLE

Miniatures, Boites, Anciennes porcelaines

BRONZES, SCULPTURES, OBJETS DIVERS

COMPOSANT LA

Collection de M. Ch. Pipard

ET DONT LA VENTE AURA LIEU

HOTEL DROUOT, SALLE N° 7

Les Vendredi 2 et Samedi 3 Mars 1900

à deux heures

<table>
<tr><td>COMMISSAIRE-PRISEUR</td><td>EXPERT</td></tr>
<tr><td>Me P. CHEVALLIER</td><td>M. B. LASQUIN</td></tr>
<tr><td>10, rue Grange-Batelière</td><td>12, rue Laffitte</td></tr>
</table>

Chez lesquels se trouve le présent Catalogue

EXPOSITION PUBLIQUE

Le Jeudi 1er Mars 1900, de 1 heure 1/2 à 5 heures 1/2

CONDITIONS DE LA VENTE

Elle sera faite au comptant.

Les Acquéreurs payeront *cinq pour cent* en sus des enchères.

L'exposition mettant le public à même de se rendre compte de l'état et de la nature des objets, aucune réclamation ne sera admise une fois l'adjudication prononcée.

Paris. — Imp. de l'Art. E. Moreau et Cᵗᵉ, 41, rue de la Victoire.

La Collection, dont plus loin on trouvera le Catalogue, est un exemple du résultat auquel pouvait arriver,
jadis, un chercheur patient et sagace.

Ce qui la caractérise tout spécialement, et en fait une
chose à part, et peut-être unique à Paris, c'est qu'elle a
été recueillie presque toute entière dans un de nos fau-
bourgs, à Belleville, et sur les hauteurs de Ménilmontant.

Qu'on n'aille pas croire, à l'énoncé de ces noms, que la
Collection est toute locale, sans intérêt artistique et
qu'elle sent son faubourg d'une lieue, ce serait une très
grave erreur.

Elle fut l'œuvre de toute une vie, celle non seulement
d'un amateur éclairé, mais d'un véritable artiste.

M. Charles Pipard, qui l'a formée, peintre estimé de
nos Salons, graveur et maître de dessin, qui a fait naître
nombre de talents dans son quartier, est un élève de Jean
Gigoux.

Ses connaissances en dessin et en peinture lui don-
naient donc, plus qu'à tout autre, les éléments nécessaires
pour savoir apprécier et juger les œuvres d'art du temps
passé.

Dès ses débuts, son goût sûr le porta avec une prédi-
lection marquée à aimer les objets du dix-huitième siècle

et, avec une persévérance que rien n'a lassée, il a, de concert avec sa femme, qui avait les mêmes aspirations que lui, recueilli, jour à jour et objets par objets, toute la série de miniatures dont certaines sont exceptionnelles, de dessins remarquables, de tableaux de choix, d'objets d'art et de pâtes tendres composant cette Collection.

Elle se tient bien exclusivement dans une époque déterminée, celle de Louis XV et de Louis XVI, si recherchée aujourd'hui des amateurs.

Elle est sincère, car il n'a pas été fait de frais excessifs de cadres pour enchâsser les œuvres qui y figurent, et presque toutes sont dans leurs bordures primitives.

Toutes ces pièces sont donc absolument des nouveautés, puisqu'elles n'ont jamais passé en vente publique et elles ont le charme de l'inconnu.

Pour les personnes qui s'étonneraient qu'une telle quantité de choses artistiques aient pu être trouvées dans ce coin de Paris, et qui seraient tentées d'en douter, nous leur dirons de ne pas s'y méprendre et que Belleville et Ménilmontant, ces côteaux excentriques, qui étaient presque la campagne, furent au siècle dernier couverts de maisons de plaisance, de folies comme on disait alors et ainsi que l'indiquent encore les noms de Folie Régnault, Folie Méricourt, Folie Ménilmontant, etc., et que les grands seigneurs, comme Lepelletier de Saint-Fargeau, qui y avait une splendide propriété, et même les maîtresses des rois, comme la Pompadour, qui y possédait un nid discret, et tant d'autres, ne dédaignaient pas d'y habiter.

De ces anciennes demeures, à travers le temps et sous l'influence des révolutions, les décorations intérieures ou extérieures, les mobiliers, les objets divers se sont éparpillés, passant de mains en mains parmi la population du quartier, et c'est dans ce milieu, où il est connu depuis son enfance, que M. Pipard, par ses bonnes et anciennes relations, a pu se procurer tant de choses intéressantes.

Et puis, Belleville, n'est-il pas aussi le pays par excellence des chineurs, ces auxiliaires si précieux des marchands et des amateurs. Ces chiens de chasse de la curiosité, qui toujours furetant, toujours fouillant soit la banlieue, soit les environs dans un vaste rayon, en ont fait sortir depuis soixante ans des trésors inestimables qui ont enrichi tant de célèbres collections.

Parmi eux, se détache la figure originale et sympathique du brave et honnête père Daquin, le doyen assurément des chineurs. Il a aujourd'hui quatre-vingt-trois ans, et, toujours passionné de son état, il chine encore.

Mais il regrette l'heureux temps où il était bien rare qu'il revienne d'une excursion sans rapporter quelque objet de prix, gravure ou tableau, pâte tendre ou miniature.

Ces beaux jours sont passés, maintenant les trouvailles sont exceptionnelles, et ce n'est plus que chez les marchands ou dans les ventes que les Collections peuvent se former.

G. L.

DÉSIGNATION

TABLEAUX ANCIENS

1 — BACKHUYSEN (?) Navires en mer par tempête.

2 — BIBIENNA. Péristyle d'un palais. Riche architecture.

3 — BOILLY. Jeune Femme en buste.

4 — CANOT. Le Gâteau des Rois. Charmante scène d'intérieur de cinq figures. Composition gravée par Ph. Lebas.

5 — CARAVAGE (AMÉRIGHI dit le). La Bonne aventure. Répétition de la même composition qui se trouve au musée du Louvre. Toile ovale.

6 — CHARDIN (Attribué à). Pêche, poire et raisins.

7 — CHARDIN (Attribué à). Portrait de Mme Calas.

8 — DESPORTES FILS (1717). Lièvre mort traîné par un chat. Signé et daté.

9 — DROUAIS (Attribué à). Portraits du duc et de la duchesse du Maine, avec leurs deux enfants; ceux-ci représentés en Fanchon la Vielleuse et en petit Savoyard. Cadre Louis XIII en bois sculpté et doré.

10 — DROUAIS (?) Petit portrait de femme en buste, corsage vert, collier de velours noir.

11 — DUJARDIN (KAREL). Moutons près d'une étable. Sujet gravé.

12 — FRAGONARD. La Vestale. Vue à mi-corps, elle entretient le feu sacré dans un brûle-parfums posé sur un autel. Belle peinture paraissant avoir été exécutée pour un tympan.

13 — GOYEN (VAN). Le Bac. Un bac chargé d'un carrosse traverse une rivière sur la rive droite de laquelle une ville fortifiée et dominée par un château.

14 — GOYEN (VAN). Ville fortifiée au bord d'une rivière. A droite, un moulin à vent et des pêcheurs dans des barques. Cadre ancien en bois sculpté.

15 — GOLZIUS. La Vue (l'un des cinq sens). Un jeune seigneur tient enlacée une jeune femme assise et lui présente un miroir.

16 — GREUZE (Attribué à). Le Petit Dénicheur d'oiseaux.

17 — HEEM (DAVID DE). Étude de noix, citron et pêche.

18 — HEINSIUS (?) Portrait de Femme. En buste, chevelure poudrée ornée de fleurs, fichu blanc.

19 — LAGRÉNÉE. Cupidon sur des nuages.

20 — LANTARA. Paysage, avec figures, au bord d'un cours d'eau. Signé.

21 — Loo (C. Van). L'Automne. Dessus de porte.

22 — Mans (F.). Débarquement de pêcheurs sur une plage, tour en ruine à droite.

23-24 — Mans (F.). Les Patineurs; Fête de Village au bord d'une rivière. Deux pendants animés de nombreuses figures; le premier signé et daté.

25 — Michel. Paysage ; effet d'orage.

26 — Mignard (Attribué à). L'Amour à la Colombe. Toile ovale.

27 — Mignard. Portrait d'une Dame de la cour. En buste, corsage revêtu d'une draperie rouge qu'elle retient de la main droite.

28 — Nattier (Attribué à). Portrait du Régent. En buste, revêtu de la cuirasse. Cadre Louis XVI en bois sculpté.

29 — Netscher. Portrait d'une Dame de qualité. En buste, de trois quarts à gauche, collier et agrafe en perles.

30 — Poel (Van der) (ou Trautmann). Incendie de village. Petite peinture.

31 — Rembrandt (École de). Un Reitre. En buste, tête nue, portant toute la barbe, vêtu d'une casaque de peau avec hausse-col et tenant une rapière. Très bonne peinture dans un cadre Louis XIV en bois sculpté.

3² — Restout. Le Baptême du Christ.

33 — Ruysdael (Attribué à). Entrée de forêt ; à droite, un chemin sinueux sous les grands arbres ; à gauche, une rivière traversée par un paysan en barque avec des bestiaux. Monogramme à droite.

34 — Sarrasin. Le Moulin à vent.

35 — Savery (Roland). La Moisson ; à droite, un monticule boisé ; à gauche, la plaine avec moissonneurs au premier plan.

36 — Schall. La Rose mal défendue. Charmante composition de deux figures dans un intérieur Louis XVI. Panneau ovale dans un cadre sculpté et doré.

3⁷ — Sober (signé). Pommes et raisins.

38 — Van de Velde (W. ?). L'Approche de l'orage. Marine.

3⁹ — Verdussen (?). Bergers et bestiaux dans un paysage valonné.

40 — Vestier (Attribué à). Portrait de dame, en buste, chevelure poudrée, col et fichu de dentelle avec nœud de ruban bleu. Toile ovale. Cadre Louis XVI.

4¹ — École flamande (XVᵉ siècle). Saint Jean-Baptiste, debout, revêtu d'une draperie rouge ; il tient une crosse avec petite bannière ; à ses pieds, un mouton.

42 — École Française. (Drouais ?). Portrait de femme

en buste, corsage de soie bleue, coiffure poudrée ornée de fleurs.

Portrait d'homme en buste, vêtu de noir, jabot de guipure.

Deux pendants de forme ovale.

43 — ÉCOLE FRANÇAISE. Portrait du Prince de Conti, assis dans un fauteuil, le bras droit appuyé sur un chien.

44 — ÉCOLE FRANÇAISE (XVIIIe siècle). Petit portrait de femme, de l'époque Louis XVI, en corsage rose.

45 — ÉCOLE FRANÇAISE (XVIIIe siècle). Paysage, le Coup de vent.

6 — ÉCOLE FRANÇAISE (XVIIIe siècle) (Attribué à L. MOREAU). La Petite Ferme.

47 — ÉCOLE FRANÇAISE (XVIIIe siècle). Portrait d'homme en buste, habit jaune, chevelure poudrée. Toile ovale. Cadre Louis XVI.

48 — ÉCOLE FRANÇAISE (Ire Empire). Portrait de femme en buste, la chevelure ornée de fleurs.

49 — ÉCOLE FRANÇAISE (Commencement du XIXe siècle). Un Enfant assis, mangeant des fruits.

DESSINS ANCIENS

GOUACHES ET PASTELS

50 — BELLANGER. Paysage avec bergers. Gouache.

51 — BOILLY. Jeune femme debout. Dessin au crayon et
à l'estompe, à l'état d'esquisse.

52 — BOILLY. Portrait d'homme, le visage souriant, la
tête de trois quarts à gauche, l'habit à collet recouvert
d'une houppelande. Dessin à l'estampe réhaussé de
sanguine et de blanc.

53 — BOUCHARDON. Un Forgeron. Médaillon ovale à la
sanguine. Cadre ancien en bois sculpté.

54 — BOUCHER. Étude d'enfant nu, couché. Pierre noire
rehaussée de blanc.

55 — CLODION. Étude de faune et de bras. Beau dessin
à la pierre noire.

56 — C. D. P. T. Matalona, 1757. Tête de jeune femme,
de profil à droite. Dessin au crayon rehaussé de
sanguine.

57 — DE LARUE. Jeux d'amours. Dessin à la plume,
rehaussé de lavis.

58 — DESFRICHES. Paysage avec rivière et barque. Sépia.

59 — DUMONT. Jeune femme en buste, de profil à droite.
Dessin au crayon, rehaussé de sanguine.

60 — DUPLESSIS. Combat de cavaliers. Petit dessin à
l'encre de chine. Cadre ancien.

61 — GORCHOBAM (GEORGES). Jeune garçon agenouillé.
Dessin au crayon.

62 — HUBERT ROBERT. Portique avec colonnes, buste et
statues. Sépia.

63 — HUBERT ROBERT. Cascades et aqueducs, avec figures.
Aquarelle.

64 — HUBERT ROBERT. Portiques en ruines. Deux dessins
à la sanguine.

65 — HUBERT ROBERT. Intérieur de palais romain, avec
mausolée au centre, et figures. Plume et lavis.

65 — HUBERT ROBERT. Escalier d'un palais, avec groupe
sur un piédestal. Plume et lavis.

67 — LANCRET (Attribué à). Les Musiciens. Composition
de cinq figures. Joli dessin ancien, à la sanguine, mis
au carreau probablement pour la gravure.

68 — LANTARA. Paysage avec chemin creux, suivi par
des colporteurs. Dessin au crayon, sur papier teinté.

69 — LA TOUR (Attribué à). Étude de main, puisant dans
une bonbonnière. Dessin au crayon.

70 — LAWRENCE ? Tête de femme. Dessin rehaussé.

71 — LE BARBIER (G. LOUIS). Portrait de Madame Cholin.
En buste, de profil à gauche, dans un médaillon
entouré d'une guirlande de fleurs. Dessin au lavis,
d'encre de Chine. Au-dessous, est inscrit le quatrain
suivant : « Si les attraits, la douceur, la bonté, vos
vertus, votre esprit agréable, attirent les cœurs faits
pour l'amitié, c'est qu'en vous, Cholin, tout est
aimable ».

72 — Lemoine (1781). Jeune femme en buste, coiffée d'un chapeau à rubans, le corsage revêtu d'un fichu. Dessin au crayon et à l'estompe.

73 — Marilhier. Frontispice pour les œuvres de Dorat. Deux amours relevant une draperie. Dessin très fin à la plume, et à la sépia. Cadre ancien, en bois sculpté.

74 — Miger. Tête d'homme, de profil à gauche. Dessin au crayon.

75 — Mols. Tête d'évêque. Dessin à la pierre d'Italie.

76 — Moreau (Louis.) Paysage avec chaumière et pigeonnier près d'une rivière petite gouache.

77 — Noel. Entrée d'un port de mer. Très belle gouache. Signée à gauche.

78 — Oudry. Chiens harcelant un sanglier. Dessin à la plume et au lavis.

79 — Panini. La Visite aux ruines, pâtres et bestiaux. Grande gouache signée.

80 — Parrocel. Soldat au repos. Plume et encre de Chine.

81 — Prud'hon. Les Neuf Muses. Neuf figures debout drapées, dans diverses attitudes. Dessin au crayon noir rehaussé de blanc sur papier bleuté. Baguette Louis XVI en bois sculpté et doré.

82 — Rousseau (Th.) Chemin en forêt. Croquis au crayon.

83 — Rubens (Attribué à). La Dame au chapeau de paille. Dessin rehaussé de sanguine.

84 — Saint-Aubin. Portrait de la Belle Campi. Dessin au crayon, forme ronde. Cadre Louis XIV, en bois sculpté, forme ronde.

85 — Saint-Aubin (Aug. ?). Portrait d'homme, en buste, de profil à gauche, dans un médaillon avec nœud de ruban. Dessin au crayon.

86 — Saint-Aubin (Aug. ?). Tête de jeune femme de profil à gauche. Dessin au crayon, forme ronde.

87 — Saint-Aubin (Aug. ?). Médaille de la République Française. Dessin à la mine de plomb, réduction d'après Regnault.

88 — Ary Scheffer. Six dessins à la sépia, épisodes de la Révolution de 1830. Sujets gravés.

89 — Taunay. La Noce champêtre. Près d'une ferme, de nombreux villageois sont réunis. Deux danseurs au premier plan. Gouache.

90 — Taunay. Portraits de Dames de la Légion d'Honneur, représentées assises. Deux dessins à l'encre de chine.

91 — Trinquesse (?). Tête de femme. Sanguine, dans une baguette Louis XVI.

92 — Vincent (Ch.). Tête d'homme de face. Dessin au crayon et à l'estompe, rehaussé de blanc.

93 — VISCHER (CORNEILLE). Le Bouffon. Beau dessin à la sanguine, d'après F. Hals.

94 — WATTEAU (?). Danseurs. Cinq figures. Calque sur papier huilé, rehaussé de couleur.

95 à 98 — WATTEAU (?). Quatre compositions, figures dans des paysages. Calques sur papier huilé.

99 — WATTEAU (Attribué à). Le Repos dans le parc, composition de six figures. Croquis à la sanguine.

100 — ÉCOLE ALLEMANDE (XVIe siècle). Allégorie sur Cérès. Dessin plume et lavis rehaussé de blanc.

101 — ÉCOLE FRANÇAISE (XVIIe siècle). Paysage boisé avec figures. Gouache.

102 — ÉCOLE FRANÇAISE (XVIIIe siècle). Portrait de jeune femme de l'époque Louis XVI, en buste, de face, chevelure relevée, corsage de soie bleue avec fichu en gaze. Joli pastel de forme ovale.

103 — ÉCOLE FRANÇAISE (XVIIIe siècle). Portrait de dame, et étude de bras. Sanguine.

104 — ÉCOLE FRANÇAISE (XVIIIe siècle). Portrait de femme, en buste, avec ruban de velours noir autour du col. Dessin rehaussé.

105 — ÉCOLE FRANÇAISE (Fin du XVIIIe siècle). Trophée d'armes. Aquarelle.

106 — ÉCOLE FRANÇAISE (XVIIIe siècle). Motif de dessus de portes en sculpture : Deux nymphes et un amour, avec guirlandes. Croquis au crayon.

107 — ÉCOLE FRANÇAISE (XVIIIᵉ siècle). Deux motifs d'amours pour dessus de portes. Dessins à la plume et à la sépia.

108 — ÉCOLE FRANÇAISE (Fin du XVIIIᵉ siècle). Portrait d'homme de profil à droite, en habit bleu. Pastel.

109 — ÉCOLE FRANÇAISE (XVIIIᵉ siècle). Paysage avec tour. Dessin au crayon.

110 — ÉCOLE FRANÇAISE (XVIIIᵉ siècle). Étude d'amour. Dessin à la plume. Cadre ancien en bois sculpté.

111 — ÉCOLE FRANÇAISE (XVIIIᵉ siècle). Portrait de Mᵐᵉ Crétu, du théâtre de Bordeaux, représentée en buste de profil à gauche, le corsage orné de fleurs. Joli dessin aquarellé. Dans un encadrement ovale à guirlandes de fleurs et branchages. Au lavis d'encre de Chine.

112 — ÉCOLE FRANÇAISE (XVIIIᵉ siècle.) La Danse. Projet de décoration, avec portiques, treillage enguirlandé, rappelant les œuvres de Christophe Huet.

113 — ÉCOLE FRANÇAISE (Fin du XVIIIᵉ siècle). Tête de jeune garçon regardant de face. Dessin aux trois crayons.

114 — ÉCOLE FRANÇAISE (XVIIIᵉ siècle). La Jeune Mère. Dessin au crayon noir rehaussé de blanc.

115 — ÉCOLE FRANÇAISE (XVIIIᵉ siècle.) Étude de chapeaux de femmes de l'époque Louis XVI. Dessin à la mine de plomb.

116 — ÉCOLE FRANÇAISE (Fin du XVIIIᵉ siècle). Portrait de femme assise et dessinant. Aquarelle de forme ovale.

117 — Écore italienne (xviiie siècle.) Projet d'Autel pour une église. Dessin à la plume et à la sépia.

118 — École française. Parc avec jet d'eau et figurines. Gouache de forme ronde.

GRAVURES EN COULEURS

119 à 121 — Baudoin (D'après). L'Éventail.
L'Amant écouté.
Il est trop tard.

122 — Lavreince (Janinet d'après). Ah! laisse-moi donc voir.

123 — J. Reynolds (Bonnefoy d'après). Portrait de Miss Bingham.

MINIATURES

124 — Miniature ronde sur ivoire, signée *Périn* : Portrait d'homme en buste, le visage de face, habit gris.

125 — Miniature ronde sur ivoire, attribuée à Hall : Portrait de Necker, en buste, habit violet.

126 — Miniature ronde sur ivoire, par *Périn* : Portrait d'homme, de face, habit bleu et jabot.

127 — Miniature ovale sur ivoire : Portrait de jeune femme, du temps de l'Empire, robe blanche avec écharpe rouge.

128 — Miniature ovale : Portrait de jeune fille portant une corbeille de fleurs, robe blanche avec ceinture bleue. Époque Louis XVI.

129 — Miniature ronde sur ivoire, attribuée à Vestier : Portrait de femme en buste, chevelure poudrée avec ruban bleu, fichu blanc sur corsage bleu.

130 — Miniature ovale sur ivoire, signée *Augustin* et datée de *1803* : Jeune femme en corsage de satin bleu clair, décolleté.

131 — Grande miniature ovale : Portrait d'Isabey, par *Aubry*, semblable à celle du Musée du Louvre.

132 — Miniature ovale : Portrait de Jeune femme, du temps de l'Empire, robe rouge, manteau bleu.

133 — Miniature ronde : Portrait de Talma, avec signature *Bosselman*.

134 — Miniature ronde sur ivoire : Portraits d'homme et de femme Louis XVI, dans deux médaillons, avec nœud de ruban, fleurs et petit épagneul couché.

135 — Miniature : Portrait d'homme en buste, en habit vert, par *Bourgeois*. 1828.

136 — Miniature ronde : Portrait d'un Camérier du Pape, par *Beaurepaire*. 1792.

137 — Miniature ovale : Tête de femme dans un nuage. Signée *Isabey*.

138 — Miniature : Portrait d'homme Louis XVI, de face, en habit bleu à col de velours.

139 — Miniature ronde : Portrait de dame en buste, coiffée d'un fanchon. Signée *Bénard*.

140 — Miniature ronde, en grisaille, signée *Langlois* :
Portrait présumé de Danton.

141 — Petite miniature ovale : Portrait d'homme, de
l'époque Louis XVI, en habit violet.

142 — Petite miniature Louis XVI : Portrait d'un enfant
avec chapeau de feutre gris.

143 — Miniature ronde : Portrait de femme, de l'époque
Louis XVI, coiffure ornée de fleurs, peignoir blanc
laissant le sein découvert.

144 — Portrait de Marius Cureau de la Chambre, par
A. Masson.

145 — Miniature anglaise, de forme ronde : Étude d'yeux
dans des visages cachés par des nuages.

146 — Miniature ronde, attribuée à Nattier : Portrait de
Madame de Châteauroux, à mi-corps.

147 — Miniature ovale, genre d'Isabey : Tête de femme
dans un nuage.

148 — Miniature ovale : Portrait d'enfant en robe blanche
(présumée du Roi de Rome).

149 — Miniature ronde : Portrait d'un officier de l'époque
Louis XVI.

150 — Miniature ronde, de l'époque Louis XVI : Portrait
de jeune homme en habit blanc.

151 — Miniature ovale : Portrait de La Peyrouse, par *Boquet*. 1784.

152 — Miniature ovale : Portrait de M. le Baron Porto, financier sous Louis Philippe, par *Millet*. 1834.

153 — Petite miniature Louis XV, signée *Le Moine* 1753 : Portrait de Mademoiselle Victoire de France, représentée en source.

154 — Miniature ronde : Portrait de femme, de l'époque Louis XVI, bonnet avec ruban bleu, corsage violet et fichu.

155 — Miniature rectangulaire : Portrait de femme, de l'époque Louis XV, en Fanchon la Vieileuse.

156 — Miniature ovale : Portrait de femme Louis XV, avec mantelet bleu, garni de fourrure.

157 — Petite miniature ovale Louis XV : Portrait de femme avec ruban de velours noir et corsage bleu.

158 — Deux petites miniatures ovales : Portrait d'homme, en buste, en habit vert et jeune femme avec corsage rose.

159-160 — Quatre petites miniatures ovales : Portraits d'hommes, de l'époque Louis XVI.

161 — Deux petits portraits d'hommes, en bustes, de l'époque Louis XIII, peints sur cuivre.

162 — Miniature ronde Louis XV : Portrait d'un maréchal de camp.

163 — Deux petites miniatures ovales : Portrait d'homme en habit blanc, attribué à Fragonard, et portrait d'officier Louis XVI, en habit rouge.

164 — Petit portrait d'homme, de l'époque Louis XVI, en habit marron, attribué à Hall.

165 — Portrait présumé du général Hoche, en habit bourgeois, de l'époque de la Convention.

166 — Deux petits médaillons, avec miniatures en grisaille : Portraits d'homme et de femme.

167 — Petite miniature en grisaille : L'Hyménée, dans un médaillon.

168 — Gouache ovale : Portrait de femme, à mi-corps, corsage rouge.

169 — Miniature ronde, signée *Leonelli* : Portrait de femme, du temps de l'Empire, robe bleue.

170 — Miniature rectangulaire, par *Robert Theer*, de Vienne : Portrait en buste de Meyerber.

171 — Miniature ronde : Portrait de femme Louis XVI, avec châle bleu.

172 — Miniature ovale : Portrait d'homme en habit rouge. (Portrait présumé de Grétry.)

173 — Deux petites miniatures ovales : Portrait de femmes. Époque Louis XV.

174 — Deux dessins : Portraits de femmes, de l'époque Louis XVI, préparations de miniaturiste.

175 — Fixé, de forme ronde, genre de Taunay : L'Orage. Cadre en bronze.

176 — Petite peinture ovale, attribuée à Isabey : Portrait de jeune femme en robe blanche, ornée de roses.

177 — Petite peinture, attribuée à Mignard : Portrait d'homme en buste, de l'époque Louis XIV. Cadre octogone ancien en bois doré.

178 — Petite peinture sur cuivre, ovale : Portrait d'homme, de l'époque Louis XIV, avec rabat de guipure.

179 — Portrait d'homme en buste, petit émail peint par *Courtois*, de Genève.

180 — Petit émail ovale : Portrait du Régent, monté en breloque.

181 — Peinture sur porcelaine, forme ronde : Portrait du Czar Alexandre Ier, par *Duchesne*.

182 — Gouache rectangulaire sur velin : Sainte Thérèse dans un paysage. Petit cadre ancien, finement sculpté à jour et doré.

BOITES

183 — Boîte ronde en écaille, avec fixé attribué à J. Vernet. Port de mer avec figures, soleil couchant, cercle et doublure en or.

184 — Boîte ronde en écaille, avec sujet pastoral en cire.

185 — Boîte ronde en écaille piquée d'or, avec miniature:
Portrait d'homme Louis XVI.

186 — Boîte ronde en ivoire, avec miniature: Portrait
d'homme en habit noir.

187 — Boîte ronde en écaille noire, avec miniature: Jeune
fille en buste, corsage violet, bonnet à rubans bleus.

188 — Boîte ronde, cerclée de cuivre, avec miniature:
Portrait de femme, de l'époque Louis XVI.

PORCELAINES ANCIENNES

189 — Sucrier ovale quadrilobé, en porcelaine tendre de
Mennecy, décoré de fleurs.

190 — Pot à crème, de même porcelaine, décoré d'oiseaux.

191 — Deux tasses coniques, de même porcelaine, et un
pot à crème.

192 — Vase à piédouche, en ancienne porcelaine blanche.

193 — Sucrier avec couvercle, en porcelaine de Chantilly, décor coréen.

194 — Sucrier quadrilobé, en porcelaine de Mennecy,
décor de fleurs.

195 — Tasse et sa soucoupe et assiette, en vieux Sèvres,
pâte tendre, décor de roses et de guirlandes de lauriers.

196 — Petite caisse à fleurs, de forme carrée, en porcelaine de Nast, décorée de fleurs et d'oiseaux.

197 — Tasse en vieux Saxe, décorée de deux médaillons de paysages, avec figures et rehaut d'or.

198 — Tasse et sa soucoupe, en vieux Saxe, fond jaune, à médaillons de fleurs.

199 — Tasse et sa soucoupe, en porcelaine Louis XVI.

200 — Cinq assiettes, en ancienne porcelaine de Chantilly, décor de fleurs, bordure vannerie.

SCULPTURES, BRONZES

201 — Médaillon en terre cuite, attribué à Clodion : Faunesse et deux petits faunes.

202 — Socle rectangulaire, en terre de Lorraine, orné de guirlandes, de lauriers en relief.

203 — Joli petit cadre ovale, du xviie siècle, en bois finement sculpté à jour, orné de fleurs de lys.

204 — Deux petits panneaux en bois sculpté, de l'époque Louis XVI, chutes de fleurs, retenues par des nœuds de rubans.

205 — Petit cadre Louis XVI, en bois sculpté et doré, de haut à ressaut, avec fronton et palmes.

206 — Cadre Louis XIV, en bois sculpté, à fleurs et ornements.

207 — Lionne couchée, bronze de *Barye*, patine verte. (Édition du Maître.)

208 — Paire de flambeaux Louis XV, en cuivre.

209 — Paire de flambeaux Louis XVI, en bronze argenté.

210 — Petite pendule Louis XVI, en bronze. Le mouvement, supporté par un taureau, sur socle en marbre blanc.

211 — Petite pendule Louis XVI, forme temple, à quatre colonnettes de marbre, en marbre blanc, garnie de bronze.

212 — Deux petits candélabres, de style Louis XVI, à figures d'amours en bronze doré, supportant deux rinceaux porte lumières, socles en marbre.

OBJETS DIVERS

213 — Fragment de rinceaux en fer forgé, proviendrait des portes de Notre-Dame de Paris.

214 — Petite pendule porte-montre, en marbre blanc, surmontée d'une urne à deux anses, en bronze doré. XVIIIe siècle.

215 — Petit médaillon en biscuit de Wedgwood : l'Autel de l'amour.

216 — Cinq petits sujets, en biscuit de Sèvres, dans une bordure Louis XVI, à perles et raies de cours en bois doré.

217 — Série de vingt-quatre boutons en ivoire, sculpté

à animaux, tous différents, dans une baguette
Louis XVI, en bois doré.

218 — Série de douze boutons d'habit, à sujets de jeux
d'enfant, dessinés sur soie.

219 — Couvert comprenant : cuiller, fourchette et couteau Louis XIII, à manche damasquiné, dans un
étui.

220 — Couteau Louis XVI, à deux lames ; l'un, en ar-
gent et manche de nacre.

221 — Trois dessus de boîtes en cuivre : la Prise de la
Bastille, l'Arrivée du Roi et médaillon de Napoléon.

222 — Objets non catalogués.

www.ingramcontent.com/pod-product-compliance
Ingram Content Group UK Ltd.
Pitfield, Milton Keynes, MK11 3LW, UK
UKHW031716170726
13836UKWH00001B/276